CHRISTIN IBRAHIM

NIGERIA Kochbuch

Alle Ratschläge in diesem Buch wurden vom Autor und vom Verlag sorgfältig erwogen und geprüft. Eine Garantie kann dennoch nicht übernommen werden. Eine Haftung des Autors beziehungsweise des Verlags für jegliche Personen-, Sach- und Vermögensschäden ist daher ausgeschlossen.

Email: info@edition-lunerion.de
www.edition-lunerion.de

Psiana eCom UG
Berumer Str. 44
26844 Jemgum

Vorwort

Nigeria ist berühmt für seine einzigartigen Nationalparks mit üppigen Regenwäldern, artenreicher Savanne und atemberaubenden Wasserfällen, seine Küche hingegen ist weitgehend unbekannt. Doch da verpassen Sie eine Menge, denn die Speisekultur ist kreativ, fantasievoll und gesund zugleich – und mit dieser Rezeptsammlung erkunden Sie den Geschmack Nigerias ganz einfach in Ihrer heimischen Küche!

Nigeria besteht aus zahlreichen unterschiedlichen ethnischen Gruppen und Stämmen, ist das bevölkerungsreichste Land Afrikas und gleichzeitig eines der ärmsten. Diese Mischung hat zu einer Landesküche geführt, die bodenständig, einfach und günstig ist – zugleich aber extrem vielfältig, traditionell, nahrhaft und geschmackvoll. In diese Vielfalt führt Sie dieses Kochbuch ein, das einen spannenden und verlockenden kulinarischen Querschnitt durch das faszinierende Land bildet und dabei für jeden Geschmack etwas im Angebot hat. Ob kräftig-würziger Eintopf, deftige Fleischgerichte, schmackhafter Fisch, außergewöhnliche Veggie-Leckereien oder Snacks & Süßspeisen auf nigerianische Art, hier entdecken Sie jede Menge authentische Gerichte für jeden Anlass.

Guten Appetit!

INHALT

Vorneweg

NIGERIA

Nigeria ist ein westafrikanisches Land, welches am Golf von Guinea liegt. Die Hauptstadt ist seit 1991 Abuja, vorher war es Lagos, und die Amtssprache ist Englisch. Doch insgesamt werden dort 514 Sprachen und Idiome/Dialekte gesprochen. Nigeria ist geprägt von kultureller Vielfalt und vielen Religionen. Nach offiziellen Angaben sind 50 % Muslime, 40 % Christen und 10 % Anhänger traditioneller afrikanischer Religionen.

Es herrscht ein tropisches Klima und es gibt zwei Jahresabschnitte: die Regenzeit, welche von April bis Oktober herrscht, und die Trockenzeit von November bis März. Es gibt viele Nationalparks mit Regenwäldern, Wasserfällen und Savannen.

In Nigeria gibt es ca. 250 Stämme und ethnische Gruppierungen mit eigenen Sprachen. Die Hausa-Fulani, die Yoruba und die Igbo sind die drei Hauptgruppen. Deren Sprachen gehören auch zu den anerkannten Landessprachen.

Nigeria ist zwar das bevölkerungsreichste Land Afrikas, gehört aber auch zu den ärmsten Ländern der Welt.

In Nigeria gibt es meist große Familien mit mehr als vier Kindern. Meist wird auf offenen Feuerstellen gekocht. Das Wasser hierfür wird meist mit Eimern und Schüsseln weit weg vom Dorf zu Fuß geholt, nur wenige Dörfer haben das Glück, einen Brunnen zu besitzen. Es gibt sehr viele traditionelle Gerichte, vor allem Suppen und Eintöpfe. Einige davon werden Sie hier nun kennenlernen.

UNBEKANNTE ZUTATEN

In einigen Rezepten werden Sie Zutaten finden, welche Ihnen bestimmt unbekannt sind, daher werden sie hier einmal vorgestellt:

- **Efirin** – Efirin, oder auch Duftblatt genannt, ist eine tropische, aromatische Pflanze, welche gern zum Kochen verwendet wird.
- **Egusi** – Egusi sind getrocknete und gemahlene Melonenkerne, welche auch öfter verwendet werden. Sie sind relativ groß und weiß.
- **Ewedu** – Ewedu sind Juteblätter, welche von der langkapseligen Jutepflanze stammen. Diese ist ein sehr aromatisches Malvengewächs.
- **Fonio** – Foniohirse ist eine Hirseart, welche auch Hungerreis oder Hungerhirse genannt wird. Sie gehört zur Getreideart der Fingerhirse aus der Familie der Süßgräser.
- **Garri** – Garri ist ein Produkt der Maniokpflanze. Hierfür werden die Knollen gerieben und in Säcke gepackt fermentiert. Nach ein paar Tagen wird es dann getrocknet und es entsteht ein helles Pulver.
- **Getrocknete Krebse** – Gibt es auch oft schon gemahlen und ist eine sehr beliebte Zutat.
- **Habaneros** – Habaneros gehören zu den schärfsten Chilischoten, sie haben zwischen 250.000 und 300.000 Scoville. Die Schärfe liegt hauptsächlich in den Kernen und der weißen Scheidewand, nicht aber im Fleisch.
- **Iru** – Iru sind Johannisbrotkerne, ein Produkt des Johannisbrotbaums. Dieser ist ein immergrüner Baum. Vielleicht kennen Sie ja schon Johannisbrotkernmehl.
- **Kochbananen** – Kochbananen können nicht roh, sondern nur gekocht gegessen werden, da sie sehr stärkehaltig sind und somit zu starken Verdauungsproblemen führen können. Sie sind größer und haben eine dickere Schale als normale Bananen und ihr Fleisch ist fester.
- **Manjokknolle** – Die Manjokknolle ist die Knolle der Manjokpflanze, welche zu den Wolfsmilchgewächsen gehört.

- **Ogbonosamen** – Die Ogbonosamen sind die Samen der afrikanischen Mango, welche auch Ogbono, Buschmango oder Dikanuss genannt werden. Sie sind wesentlich kleiner als die Kerne der Mangos, welche wir kennen.
- **Okra** – Die Okrapflanze ist ein Malvengewächs, welches Schoten entwickelt. Die werden einfach nur Okra genannt. Die Schoten haben einen leicht pikanten und mild-säuerlichen Geschmack und zählen zu den ältesten Gemüsesorten der Welt.
- **Ugba** – Ugba, auch Ölbohnen genannt, sind die Früchte des afrikanischen Ölbohnenbaums. Sie werden auch gern als Snack oder Fleischersatz verwendet. Sie haben eine einzigartige Textur und ihr Geschmack ist nussig-erdig.

IMMER ZU HAUSE

Es gibt Zutaten, welche man immer zu Hause haben kann oder soll, wenn man viel nigerianisch kocht. Denn diese Zutaten werden in fast jedem oder vielen Rezepten verwendet. Hier eine Liste davon:

- schwarzer Pfeffer – gemahlen und Körner
- Salz
- Brühpulver
- Habaneros – können aber auch durch weniger scharfe Chilis ersetzt werden
- Zwiebeln
- Kochbananen
- Reis
- Mehl
- Kokosöl / Kokosfett
- Olivenöl
- geschmacksneutrales Pflanzenöl
- Ingwer – frisch und gemahlen
- frische Paprika
- Paprikapulver
- frischer Knoblauch
- Knoblauchpulver
- Currypulver
- Lorbeerblätter
- Thymian – frisch und getrocknet

Salate

UGBA |

ÖLBOHNENSALAT

10 Port.

25 Min.

Leicht

Zutaten

250 ml Kokosöl
2 TL Backpulver
4 EL Wasser
2 TL gemahlener schwarzer Pfeffer
1 TL gemahlene Muskatnuss
2 TL Brühpulver
¼ Tasse gemahlene Flusskrebse
250 g Stockfisch
½ Tasse getrocknete Garnelen (eingeweicht)
1 kg Ugba
1 mittelgroße Gurke

Nährwerte p. P.

202 kcal
2 g Kohlenhydrate
22 g Fett
1 g Eiweiß

1 Das Backpulver in einem Topf mit 2 EL Wasser mischen und das Kokosöl hinzufügen. Dann Pfeffer, Muskatnuss, Brühpulver und Flusskrebse zugeben.

2 Den Stockfisch und die Garnelen mit in den Topf geben, vermischen, dann das Ugba zugeben und den Herd auf schwache Hitze stellen. Die anderen 2 EL Wasser zugeben. Köcheln lassen, bis alles warm ist.

3 Die Gurke klein schneiden und mit anrichten.

Suppen

ERDNUSSSUPPE

3 Port. 25 Min. Mittel

Zutaten

1 EL Butter
1 mittelgroße Zwiebel
2 mittelgroße Tomaten
1 EL Mehl
½ l Hühnerbrühe
200 g Erdnüsse
250 ml Milch

Nährwerte p. P.

531 kcal
20 g Kohlenhydrate
39 g Fett
22 g Eiweiß

1 Zwiebel und Tomaten fein würfeln und in der Butter anbraten. Das Mehl zugeben und kurz anschwitzen, dann die Hühnerbrühe zugeben und aufkochen lassen.

2 Die Erdnüsse und die Milch zugeben und das Ganze ca. 15 Minuten köcheln lassen. Zum Schluss abschmecken, würzen und servieren.

PFEFFERSUPPE

4 Port. 1 Std. Mittel

Zutaten

1 kg Lammfleisch
2 mittelgroße Zwiebeln
3 Chilischoten
250 ml Wasser
750 ml Fleischbrühe
¼ TL Anis
3 Nelken
½ TL Koriander
½ TL Kreuzkümmel
10 g Ingwer
1 TL Fenchel, gemahlen
½ TL Piment
2 EL Worcestersoße
2 Zweige Minze
1 TL schwarze Pfefferkörner
½ TL Salz
160 g Chicorée

Nährwerte p. P.

775 kcal
6 g Kohlenhydrate
51 g Fett
63 g Eiweiß

1 Das Fleisch und die Zwiebel würfeln, die Chilischoten in Ringe schneiden und in einen Topf geben. Das Wasser zugeben und zum Kochen bringen. Dann auf niedrigster Stufe ca. 30 Minuten köcheln lassen, bis das Fleisch weich ist.

2 Fleischbrühe hinzugeben und mit Anis, Nelken, Koriander, Kreuzkümmel, Ingwer, Fenchel, Piment und Worcestersoße würzen. Nun wieder 30 Minuten köcheln lassen.

3 Minze fein hacken, Pfefferkörner zerstoßen und zusammen mit dem Salz zur Suppe geben. Nun noch den Chicorée in Streifen schneiden, auch zur Suppe geben und einmal aufkochen lassen.

EFIRIN SUPPE |

SCHWARZE SUPPE

6 Port. | 1 Std. 20 Min. | Mittel

Zutaten

4 Tassen Efirinblätter
1 Tasse gemahlene Egusi
½ Tasse Kokosöl
1 kg Rindfleisch
1 EL Cayennepfeffer
1 EL Brühpulver
1 EL getrocknete Krebse
1 Tasse Wasser
Salz
Brühe

Nährwerte p. P.

534 kcal
8 g Kohlenhydrate
40 g Fett
33 g Eiweiß

1 Das Rindfleisch in Stücke schneiden, in einen Topf geben und mit Brühe aufgießen, bis das Fleisch vollkommen bedeckt ist. Nun das Fleisch ca. 1 Stunde kochen lassen, bis es weich ist.

2 Die Efirinblätter und die Egusi mischen und in einen Topf geben. Die Tasse Wasser, Cayennepfeffer, das Kokosöl, das Brühpulver und die Flusskrebse zugeben, alles unter Rühren zum Kochen bringen und ca. 5 Minuten bei mittlerer Hitze köcheln lassen.

3 Das Fleisch und den Sud hinzugeben und abgedeckt bei mittlerer Hitze köcheln lassen. Noch einmal abschmecken.

BENISEED SUPPE |
SESAMSUPPE

6 Port.

30 Min.

Mittel

Zutaten

½ Tasse Kokosöl
1 mittelgroße Zwiebel
1 ½ Tassen Sesamkörner
1 rote Paprika
1 Habanero
1 Tasse Brühe
1 Tasse gehackter Spinat
1 kg Rindfleisch
1 EL Brühpulver
1 EL gemahlene Flusskrebse
½ TL Cayennepfeffer
Salz

Nährwerte p. P.

783 kcal
13 g Kohlenhydrate
67 g Fett
34 g Eiweiß

1 Den Ofen auf 230 °C Ober-/Unterhitze vorheizen. Die Sesamkörner waschen und gut abtropfen lassen. Diese dann auf einem Blech verteilen und für 10 Minuten in den Ofen geben. Dabei immer wieder ein wenig umrühren.

2 Paprika und Habanero pürieren, Zwiebel hacken. Zwiebel im Kokosöl anbraten, Paprika und Habanero zugeben und ca. 5 Minuten anbraten.

3 Die Sesamkörner aus dem Ofen nehmen und in einem Mixer so lange mixen, bis sie anfangen, zu klumpen. Die Masse dann mit in die Pfanne geben und 2 Minuten rühren.

4 Das Fleisch klein schneiden und mit dem Brühpulver, den Flusskrebsen und dem Cayennepfeffer in die Pfanne geben. Alles ca. 5 Minuten köcheln lassen.

5 Die Brühe nun zugeben, bei Bedarf würzen und 10 Minuten köcheln lassen. Dann den gehackten Spinat noch zugeben und weitere 5 Minuten köcheln lassen.

OGBONO-SUPPE

8 Port.

1 Std.

Mittel

Zutaten

130 g gemahlene Ogbonosamen
1 EL gemahlener schwarzer Pfeffer
400 g gekochte Kuhfüße
500 ml Fischbrühe
700 g geräucherter Truthahn
5 Tassen Fleischbrühe
½ Tasse gemahlene Flusskrebse
2 mittelgroße Zwiebeln
400 g Grünkohl
400 ml Kokosöl
Salz
Brühpulver

Nährwerte p. P.

810 kcal
13 g Kohlenhydrate
60 g Fett
46 g Eiweiß

1 Fleischbrühe in einem Topf zum Kochen bringen, Flusskrebse, Kokosöl und Ogbono zugeben und ca. 10 Minuten bei niedriger Hitze köcheln lassen.

2 Den Truthahn und die Kuhfüße sowie die Fischbrühe zugeben und weitere 10 Minuten köcheln lassen. Immer wieder umrühren dabei.

3 Die Zwiebel und den Grünkohl hacken. Die gehackte Zwiebel, das Salz, das Brühpulver und den Pfeffer in den Topf geben, kurz aufkochen. Dann den Grünkohl zugeben, noch einmal kurz aufkochen und 5 Minuten ziehen lassen.

EWEDUSUPPE

2 Port.

10 Min.

Leicht

Zutaten

400 g gefrorenes Ewedu
1 TL gemahlene Flusskrebse
2 EL gemahlene Egusi
2 EL Iru
½ TL Salz
1 TL Brühpulver
400 ml Wasser

Nährwerte p. P.

55 kcal
3 g Kohlenhydrate
2 g Fett
2 g Eiweiß

1 Ewedu auftauen (am besten über Nacht im Kühlschrank), Johannisbrotbohnen abwaschen, Egusi mit einem Esslöffel Wasser mischen.

2 400 ml Wasser in einer Pfanne auf niedriger Hitze erhitzen, die Egusipaste und die Johannisbrotbohnen zugeben, nicht umrühren, da die Egusi etwas fester werden soll. Nur die Klumpen zerdrücken.

3 Dann das Ewedu zugeben und umrühren, dann den Rest zugeben und ca. 5 Minuten leicht kochen lassen. Abschmecken und evtl. noch würzen.

Brote & Beilagen

FUFU |

KLÖßE

4 Port.

30 Min.

Leicht

Zutaten

500 g Maniokwurzel
500 g Kochbananen
Salz
Wasser

Nährwerte p. P.

328 kcal
80 g Kohlenhydrate
1 g Fett
3 g Eiweiß

1 Maniokwurzel und Kochbananen schälen und zerkleinern. Dann ca. 15 Minuten in gesalzenem Wasser kochen, bis sie weich sind.

2 Wasser abgießen und auffangen. Maniokwurzel und Kochbananen abkühlen lassen.

3 Nun die Maniokwurzel und die Kochbananen pürieren und schluckweise von dem Kochwasser zugeben, bis die Masse geschmeidig und formbar ist.

4 Daraus 8 Kugeln formen und zum Beispiel zu einem Ziegenfleischeintopf oder Spinateintopf schmecken lassen.

FRIED RICE |

GEBRATENER REIS

4 Port.

1 Std.

Leicht

Zutaten

500 g Reis
1 mittelgroße Zwiebel
3 Karotten
150 g Mais (Dose)
150 g Erbsen (Dose)
2 EL Brühpulver
2 EL Sonnenblumenöl
2 Zweige Thymian
Salz, Pfeffer, Curry

Nährwerte p. P.

260 kcal
50 g Kohlenhydrate
2 g Fett
9 g Eiweiß

1 Den Reis waschen, damit die Stärke weg ist. Wenn das Wasser klar ist, ist keine Stärke mehr vorhanden.

2 Mais und Erbsen abtropfen lassen und Karotten und Zwiebel klein schneiden. Thymian hacken.

3 Den Reis mit der Zwiebel und dem Thymian in Öl anbraten. Mit Salz, Pfeffer und Curry anbraten. Brühpulver und Wasser hinzufügen. Das Wasser sollte ca. 2 cm hoch sein. Alles auf mittlerer Hitze köcheln lassen.

4 Das Gemüse zugeben, wenn das Wasser fast verkocht ist, und dann weiterköcheln, bis das Wasser ganz verkocht ist.

SHAWARMA BROT

8 Port.

1 Std.

Leicht

Zutaten

300 g Mehl
1 TL Salz
120 ml warmes Wasser
1 TL Backpulver
3 EL Pflanzenöl

Nährwerte p. P.

133 kcal
28 g Kohlenhydrate
0 g Fett
4 g Protein

1 Die trockenen Zutaten vermischen, das Öl zugeben. Alles vermengen, dann das Wasser zufügen und alles zu einem Teig verkneten. Diesen dann ca. 10 Minuten lang auf der Arbeitsplatte verkneten.

2 Den Teig in eine geölte Schüssel geben, abdecken und ca. 20 Minuten ruhen lassen. Dann den Teig in 8 Portionen teilen und diesen so auf der Arbeitsfläche noch einmal 10 Minuten ruhen lassen.

3 Eine Pfanne auf mittlerer Stufe erhitzen. Dann eine Portion Teig ausrollen und in die Pfanne geben. Ca. 1 Minute in der Pfanne ausbacken, dann wenden und noch mal ca. 30 Sekunden ausbacken, damit beide Seiten Farbe bekommen. Diesen Vorgang wiederholen, bis alle Portionen ausgebacken sind.

Tipp: Den Teig erst ausrollen, wenn er in die Pfanne kommt. Wenn die ganzen Portionen auf einmal ausgerollt werden, wird der Teig matschig, bis er in die Pfanne kommt.

CHAPATI BROT

6 Port.

1 Std. 20 Min.

Leicht

Zutaten

3 Tassen Mehl
1 TL Zucker
1 ½ TL Salz
3 EL Öl
220 ml warmes Wasser

Nährwerte p. P.

296 kcal
48 g Kohlenhydrate
8 g Fett
6 g Eiweiß

1 Alle Zutaten verkneten, bis ein weicher und klebriger Teig entsteht.

2 Mehl auf der Arbeitsfläche verteilen und den Teig darauf ca. 10 Minuten kneten, bis er glatt und elastisch ist.

3 Den Teig in 6 Kugeln teilen und ca. 30 Minuten ruhen lassen.

4 Nun werden die Kugeln ausgerollt und man kann entscheiden, ob sie so in die Pfanne kommen oder sie Schichten haben sollen. Sollen sie gleich in die Pfanne, können die Schritte 5 + 6 übersprungen werden.

5 Um Chapati mit Schichten zu erhalten, werden die Kugeln gleich eingeölt, ausgerollt und von beiden Seiten bemehlt.

6 Dann die Teigkreise falten, als wenn man einen Fächer aus Papier faltet. Es entstehen dicke Streifen, welche eingerollt werden. Diese nun mit einem feuchten Tuch abdecken und weitere 20 Minuten ruhen lassen.

7 Die Teilstücke nun ausrollen, sodass sie ca. 1 cm dick sind. Immer von der Mitte nach außen hin ausrollen und dabei drehen, dass es gleichmäßig wird.

8 Nun eine Pfanne mit Öl erhitzen und die ausgerollten Teilstücke nacheinander ausbacken. Jede Seite ca. 2 - 3 Minuten backen.

JOLLOF REIS |
TOMATENREIS

8 Port.

1 Std.
20 Min.

Leicht

Zutaten

400 g geschälte Tomaten, Dose
1 rote Paprika
2 ½ rote Zwiebeln
8 Knoblauchzehen
1 Stück Ingwer, ca. 5 cm
1 Habanero
100 ml Pflanzenöl
1 EL Tomatenmark
Je 1 TL Kurkuma und Paprikapulver
500 g Reis
1 Lorbeerblatt
500 ml Gemüsebrühe
Salz, Pfeffer
2 Zweige Thymian

Nährwerte p. P.

359 kcal
55 g Kohlenhydrate
12 g Fett
7 g Eiweiß

1 Geschälte Tomaten, Paprika, ½ rote Zwiebel, 4 Knoblauchzehen, Ingwer und Habanero fein pürieren. 20 ml Öl in einem Topf erhitzen und die Masse zugeben. Köcheln und einreduzieren lassen, bis ca. 1/3 der Flüssigkeit verkocht ist.

2 Ofen auf 175 °C Ober-/Unterhitze vorheizen. Die restlichen zwei Zwiebeln in Scheiben schneiden, restliches Öl in einer Pfanne erhitzen und die Zwiebeln glasig dünsten. Die Hälfte der Zwiebeln entnehmen.

3 Die restlichen vier Knoblauchzehen fein hacken und mit in die Pfanne geben. Tomatenmark, Kurkuma und Paprikapulver zugeben und anrösten. Das pürierte Gemüse zugeben und zum Kochen bringen. Dann in eine Auflaufform geben.

4 Reis, Brühe, Thymian, Zwiebeln und Lorbeerblatt zufügen, würzen und zugedeckt ca. 35 Minuten im Ofen lassen, bis der Reis gar ist. Thymian und Lorbeerblatt entfernen.

Hauptspeisen mit Fleisch & Geflügel

ZIEGENFLEISCHEINTOPF

4 Port.

3 Std.

Mittel

Zutaten

1 kg Ziegenfleisch
6 mittelgroße Zwiebeln
1,2 kg passierte Tomaten
5 Brühwürfel
1 scharfe afrikanische Paprika
etwas Öl
etwas Salz

Nährwerte p. P.

450 kcal
20 g Kohlenhydrate
20 g Fett
51 g Eiweiß

1 Das Fleisch und drei der Zwiebeln in Würfel schneiden. Dann in einen Topf geben und mit Wasser bedecken. Zwei der Brühwürfel zugeben und aufkochen. Danach auf mittlerer Hitze ca. 2 Stunden garen, bis das Fleisch weich ist.

2 Die anderen drei Zwiebeln fein schneiden und mit genug Öl andünsten. Die passierten Tomaten zugeben und bei mittlerer Hitze unter Rühren einkochen lassen. Wenn das Öl sich absetzt und die Tomaten wie eine Paste sind, ist es richtig.

3 Das Ziegenfleisch, ohne den Sud, zu den Tomaten geben und vermischen. Dann nach und nach den Fleischsud dazugeben, bis eine leicht dickflüssige Soße entsteht.

4 Nun die Paprika schneiden und zugeben. Dann abschmecken und bei Bedarf noch Brühwürfel zum Würzen zugeben.

Tipp: Dazu eignen sich Reis, Fufu oder auch Brote als Beilage.

EGUSI SOUP |

MELONENKERNEINTOPF MIT FLEISCH

4 Port. 1 Std. Mittel

Zutaten

700 g Suppenfleisch vom Rind
1 mittelgroße Zwiebel
3 TL gekörnte Brühe
100 g getrocknete Krabben
120 g Egusi (Melonenkerne)
2 Habaneros
250 g passierte Tomaten
2 EL Kokosfett

Nährwerte p. P.

560 kcal
19 g Kohlenhydrate
33 g Fett
49 g Eiweiß

1 Das Suppenfleisch würfeln und in einem Topf in dem Kokosfett kurz scharf anbraten. Mit Wasser ablöschen, sodass das Fleisch vollständig bedeckt ist, und das Brühpulver zugeben. Dann ca. ½ Stunde köcheln lassen.

2 Die Egusi währenddessen mahlen, die Habaneros in Streifen schneiden und die Zwiebel würfeln.

3 In einem Topf die Zwiebel und die Habaneros andünsten, dann mit den passierten Tomaten ablöschen. Die gemahlenen Egusi und die Krabben zugeben und verrühren.

4 Nun das Fleisch ohne die Brühe zugeben, diese erst nach und nach unter Köcheln dazugeben.

Tipp: Dazu eignen sich Reis, Fufu oder auch Brote als Beilage.

BOBOTIE |

HACKFLEISCHAUFLAUF

4 Port.

40 Min.

Leicht

Zutaten

1 Weizenbrötchen
1 mittelgroße Zwiebel
1 Knoblauchzehe
40 g Ingwer
3 EL Öl
500 g gemischtes Hack
2 EL Tomatenmark
2 EL Currypulver
1 TL Kurkumapulver
1 TL Zimt
Salz, Pfeffer
1 Dose Tomaten
2 EL Mangochutney
3 EL Limettensaft
50 ml Schlagsahne
2 Eier
6 Lorbeerblätter

Nährwerte p. P.

800 kcal
71 g Kohlenhydrate
35 g Fett
50 g Eiweiß

1 Das Brötchen für 10 Minuten in kaltem Wasser einweichen. Derweil die Zwiebel, den Knoblauch und den Ingwer fein würfeln und in einer Pfanne mit 1 EL Öl glasig dünsten.

2 Das Brötchen ausdrücken und zusammen mit Hackfleisch, Tomatenmark, Currypulver, Kurkuma, Zimt und 1 TL Salz ordentlich verkneten.

3 Den Ofen auf 180 °C Ober-/Unterhitze (160 °C Umluft) vorheizen. 2 EL Öl in der Pfanne erhitzen und das Hack darin anbraten. Glasierte Zwiebel und Ingwer, Tomaten und Chutney zugeben, ca. 10 Minuten einkochen lassen.

4 Nun mit Limettensaft, Salz und Pfeffer abschmecken und in eine Auflaufform geben.

5 Sahne und Eier verquirlen und über das Hackfleisch geben. Dann die Lorbeerblätter darauf verteilen und für 25 Minuten auf das untere Drittel in den Ofen geben.

Tipp: Dazu eignen sich Reis, Fufu oder auch Brote als Beilage.

AYAMASE EINTOPF

6 Port.

1 Std.

Mittel

Zutaten

1 ½ kg verschiedenes Fleisch
2 mittelgroße Zwiebeln
60 g Habaneros
300 ml Kokosöl
2 EL Flusskrebspulver
5 gekochte Eier
1 EL gemahlene Bohnen
Salz, Pfeffer
Wasser

Nährwerte p. P.

970 kcal
10 g Kohlenhydrate
60 g Fett
103 g Eiweiß

1 Die Zwiebeln hacken und das Fleisch in Stücke schneiden. Beides zusammen mit dem Salz in einen Topf geben, mit Wasser bedecken und ca. 15 Minuten kochen lassen.

2 Wenn das Fleisch weich ist, aus der Brühe nehmen und im Kokosöl anbraten. Die Habaneros währenddessen pürieren. Wenn das Fleisch rundum angebraten ist, aus der Pfanne nehmen und die pürierten Scotch Bonnet in die Pfanne geben.

3 Die gemahlenen Bohnen auch in die Pfanne geben und unter Rühren ca. 10 Minuten köcheln lassen.

4 Dann die Brühe und das Fleisch hinzugeben und das Ganze 5 Minuten köcheln lassen. Flusskrebspulver und Salz hinzugeben und weitere 5 Minuten köcheln lassen.

5 Herdplatte ausschalten, Eier schälen und hinzugeben und 2 Minuten ziehen lassen. Abschmecken und servieren.

Tipp: Dazu eignen sich Reis, Fufu oder auch Brote als Beilage.

KOHLEINTOPF MIT HACKFLEISCH

8 Port.

30 Min.

Mittel

Zutaten

1 Kohlkopf
1 rote Paprika
1 kg Rinderhack
½ Zwiebel
½ TL Cayennepfeffer
60 ml Olivenöl
2 Knoblauchzehen
1 TL schwarzer Pfeffer
125 ml passierte Tomaten
1 TL Brühpulver
1 TL Salz
½ TL Thymian

1 Zwiebel, Knoblauchzehen und Paprika klein schneiden und den Kohl in Streifen schneiden.

2 Das Rinderhack mit 30 ml Olivenöl, ½ TL Salz und dem Cayennepfeffer anbraten.

3 In einem Topf die anderen 30 ml Olivenöl erhitzen und Knoblauch, Zwiebel und Paprika darin einige Minuten anbraten. Dann das Hackfleisch, das Brühpulver, ½ TL Salz, Thymian, die passierten Tomaten und den Kohl zugeben.

4 Alles unter Rühren aufkochen und danach 10 Minuten köcheln lassen. Abschmecken und servieren.

Nährwerte p. P.

388 kcal
9 g Kohlenhydrate
30 g Fett
21 g Eiweiß

MAFE |

ERDNUSSEINTOPF

3 Port.

40 Min.

Mittel

Zutaten

2 EL Pflanzenöl
1 große Zwiebel
500 g Rindfleisch
200 ml passierte Tomaten
1 l Wasser
1 TL Salz
200 g Erdnussbutter
2 TL Brühpulver
4 Knoblauchzehen
2 Süßkartoffeln
2 Karotten
1 Habanero

Nährwerte p. P.

560 kcal
34 g Kohlenhydrate
34 g Fett
32 g Eiweiß

1 Die Zwiebel hacken und mit dem Öl in einem Topf anbraten. Das Fleisch in ca. 3 – 4 cm große Stücke schneiden und zusammen mit den passierten Tomaten, einem Liter Wasser, Salz und Brühpulver in den Topf geben.

2 Alles zum Kochen bringen, dann bei schwacher Hitze 5 Minuten köcheln lassen. Dann den Knoblauch hacken und mit der Erdnussbutter in den Topf geben, wieder 5 Minuten köcheln lassen.

3 Süßkartoffeln und Karotten würfeln, die Habanero halbieren und alles in den Topf geben. Abgedeckt bei schwacher Hitze 10 - 15 Minuten köcheln lassen, bis die Süßkartoffeln gar sind. Die Habanero entfernen, abschmecken und servieren.

Tipp: Dazu eignen sich Reis, Fufu oder auch Brote als Beilage.

HACKFLEISCHTOPF MIT BANANE

4 Port. 30 Min. Leicht

Zutaten

250 g Reis
Salz, Pfeffer
2 Zwiebeln
1 rote Paprika
1 Chilischote
1 Knoblauchzehe
1 Kochbanane
3 EL Öl
400 g Rinderhack
70 g Tomatenmark
100 ml Brühe

Nährwerte p. P.

567 kcal
67 g Kohlenhydrate
22 g Fett
27 g Eiweiß

1 Reis nach Packungsanleitung kochen, Zwiebel, Paprika, Knoblauchzehe und Chilischote würfeln. Banane schälen und in Scheiben schneiden.

2 Das Öl in einer Pfanne erhitzen, die Zwiebel anschwitzen und das Hackfleisch anbraten. Knoblauch und Chili zugeben, kurz mitbraten, dann Paprika und Banane zugeben.

3 Tomatenmark zugeben, kurz mitbraten, dann die Brühe zugeben, ca. 5 Minuten köcheln lassen. Anschließend abschmecken und mit dem Reis anrichten.

GEBRATENER ANANASREIS

2 Port.

30 Min.

Mittel

Zutaten

400 g Ananas
500 g Garnelen
300 g Basmatireis
120 g Hühnerbrust
3 Knoblauchzehen
Je 1 TL Ingwer und Kurkuma
1 TL Thymian
2 EL Sojasauce
1 mittelgroße Zwiebel
2 Frühlingszwiebeln
1 Karotte
1 rote Paprika
200 g grüne Bohnen
Salz, Pfeffer
Pflanzenöl

Nährwerte p. P.

610 kcal
80 g Kohlenhydrate
6 g Fett
55 g Eiweiß

1 Reis 5 Minuten in heißem Wasser einweichen und abspülen, bis das Wasser klar ist. Ananas, Hähnchenbrust, Paprika, Zwiebel und Karotte würfeln, Frühlingszwiebel in Ringe und Knoblauch klein schneiden.

2 Reis nach Anleitung kochen. Hähnchenbrust, Garnelen und Thymian mit 3 EL Pflanzenöl anbraten, bis alles gar ist. Dann die Hähnchenbrust und die Garnelen aus der Pfanne nehmen.

3 4 EL Öl in die Pfanne geben, Zwiebel und Knoblauch darin andünsten. Paprika, Frühlingszwiebel, Karotte, grüne Bohnen, Ingwer, Kurkuma und Salz zugeben und ca. 5 Minuten lang braten.

4 Reis, Ananas, Hähnchenbrust und Garnelen zugeben, dann die Sojasauce darübergeben, alles gut verrühren und ca. 5 Minuten köcheln lassen. Abschmecken und servieren.

HÄHNCHEN-TOMATEN-CURRY-EINTOPF

8 Port.

1,5 Std.

Mittel

Zutaten

1 ½ kg ganzes Hähnchen
1 kg Tomaten
600 g Tomatenmark
1 EL Pflanzenöl
2 rote Paprika, entkernt und geschnitten
2 mittelgroße Zwiebeln
2 Habaneros
6 Knoblauchzehen
3 EL Brühpulver
2 EL Thymian
2 EL Madras Currypaste
1 ½ TL schwarzer Pfeffer
1 TL frischer Rosmarin
1 TL Paprikapulver
Salz, Pfeffer

Nährwerte p. P.

795 kcal
23 g Kohlenhydrate
62 g Fett
38 g Eiweiß

1 Das Hähnchen in gewünschte Stücke schneiden, eine Zwiebel hacken und beides zusammen mit der Currypaste, Brühpulver, der Paprika, Paprikapulver, Rosmarin, Pfeffer und Thymian in einen Topf geben. Mit Wasser auffüllen, bis alles bedeckt ist, und bei mittlerer Hitze ca. 45 Minuten kochen.

2 Tomaten und die andere Zwiebel grob hacken und mit den Habaneros, Knoblauchzehen und Tomatenmark glatt pürieren. Ein wenig von den Tomaten und der Zwiebel aufheben.

3 Die aufgehobenen Tomaten- und Zwiebelstücke mit 1 EL Öl in einer Pfanne anbraten, dann die pürierte Masse zugeben und zum Kochen bringen. Dann bei schwacher Hitze ca. 30 Minuten einkochen lassen.

4 Nun das Hühnchen und den Sud zugeben und noch ein paar Minuten zugedeckt köcheln lassen. Abschmecken und servieren.

Tipp: Dazu eignen sich Reis, Fufu oder auch Brote als Beilage.

HÜHNCHEN-SÜẞKARTOFFEL-EINTOPF

4 Port.

2 Std.

Mittel

Zutaten

400 g Süßkartoffeln
½ TL gemahlener Koriander
½ TL gemahlener Ingwer
Salz, Pfeffer
1 TL Öl
8 Hähnchenschenkel
3 EL Brühpulver
5 mittelgroße Zwiebeln
2 Knoblauchzehen
2 rote Paprika
2 Lorbeerblätter
210 ml Wasser
400 g gehackte Tomaten, Dose

Nährwerte p. P.

925 kcal
36 g Kohlenhydrate
61 g Fett
63 g Eiweiß

1 Backofen auf 180 °C Ober-/Unterhitze vorheizen. Süßkartoffel schälen, würfeln und mit Koriander, Ingwer, Salz, Pfeffer und 1 TL Öl gut vermengen. Auf ein Backblech geben und für ca. 30 Minuten in den Ofen schieben.

2 Die Hähnchenschenkel mit 2 EL Brühpulver würzen und in einer Pfanne bei mittlerer Hitze gar braten. Dann aus der Pfanne nehmen.

3 Die Zwiebeln, Knoblauch und Paprika fein schneiden und mit den Lorbeerblättern in derselben Pfanne anbraten. Dann das Wasser zufügen und ca. 40 Minuten köcheln lassen, bis die Zwiebeln weich sind. Dabei darauf achten, dass das Wasser nicht ganz verdunstet. Bei Bedarf einfach noch ein wenig Wasser zugeben.

4 Dann die gehackten Tomaten und 1 EL Brühpulver in die Pfanne geben, alles einmal aufkochen und dann 20 Minuten köcheln lassen.

5 Hähnchenschenkel und Süßkartoffeln zugeben und weitere 10 Minuten köcheln lassen. Abschmecken und servieren.

ERDNUSS-HÜHNEREINTOP

8 Port.

1 Std.
15 Min.

Mittel

Zutaten

12 Hähnchenschenkel
1 TL gemahlener Koriander
1 TL Knoblauchpulver
1 TL getrockneter Thymian
Salz, weißer Pfeffer, gemahlen
2 EL Erdnussöl
1 mittelgroße Zwiebel
2 rote Paprika
400 g gehackte Tomaten, Dose
5 EL Erdnussbutter
1 Stück Ingwer, ca. 1 cm
2 Knoblauchzehen
2 EL Tomatenmark
1 EL Brühpulver
500 ml Wasser

1 Hähnchenschenkel mit 1 TL Koriander, Knoblauchpulver, Thymian, Pfeffer und Salz würzen.

2 1 EL Erdnussöl in eine Bratpfanne geben und die Hähnchenschenkel darin anbraten. Die Hähnchenschenkel aus der Pfanne nehmen.

3 Paprika und Zwiebel fein schneiden und hacken und mit dem anderen Esslöffel Erdnussöl in die Pfanne geben und 5 Minuten anbraten. Knoblauch und Ingwer hacken und dann mit 1 EL der gehackten Tomaten, 2 EL Wasser und Erdnussbutter in einer Schüssel glatt rühren

4 Nun alle Zutaten zu den Zwiebeln und der Paprika in die Pfanne geben, auch die Hähnchenschenkel, und alles 60 Minuten köcheln lassen. Abschmecken und servieren.

Nährwerte p. P.

675 kcal
8 g Kohlenhydrate
52 g Fett
47 g Eiweiß

Tipp: Dazu eignen sich Reis, Fufu oder auch Brote als Beilage.

TOMATENEINTOPF

4 Port.

3 Std. 15 Min.

Mittel

Zutaten

1 kg Widderfleisch, Ziegenfleisch
1 ½ kg Tomaten
2 große Zwiebeln
2 rote Paprika
4 Habaneros
3 Knoblauchzehen
1 Stück Ingwer, ca. 4 cm
4 EL Öl
500 ml Schmorbrühe vom Widderfleisch
1 TL Currypulver
2 TL getrockneter Thymian
1 TL Brühpulver
Salz, Pfeffer

Nährwerte p. P.

645 kcal
31 g Kohlenhydrate
44 g Fett
33 g Eiweiß

1 Das Widderfleisch in Stücke schneiden, in einen Topf geben und mit Wasser auffüllen, bis alles bedeckt ist. Ein wenig mit Salz und Pfeffer würzen und ca. 2 Stunden schmoren lassen. Evtl. immer wieder Wasser nachgießen.

2 Tomaten, eine Zwiebel, Paprika, Habaneros, Knoblauch und Ingwer klein schneiden und vermischen.

3 Die geschmorten Fleischstücke in einer Pfanne mit 2 EL Öl von allen Seiten scharf anbraten. Die Gemüsemischung in einem Topf erhitzen und ca. auf die Hälfte einreduzieren.

4 Wenn die Gemüsemischung fertig ist, aus dem Topf nehmen. Die andere Zwiebel klein schneiden und in dem Topf mit 2 EL Öl karamellisieren. Danach die Gemüsemischung wieder zugeben und ca. 5 Minuten kochen lassen.

5 Nun die Schmorbrühe angießen, mit Brühpulver, Currypulver und Thymian würzen und weitere 10 Minuten köcheln lassen.

6 Das Fleisch hinzugeben, alles gut vermischen und zugedeckt noch einmal 5 Minuten garen lassen. Abschmecken und servieren.

Tipp: Dazu eignen sich Reis, Fufu oder auch Brote als Beilage.

OFADA EINTOPF

6 Port.

2 Std.

Mittel

Zutaten

7 rote Paprika
1 Habanero
5 rote Zwiebeln
1 kg Ziegenfleisch
80 g getrockneter Fisch
20 g getrocknete Garnelen
120 ml Kokosöl
3 TL Brühpulver
1 TL Salz

Nährwerte p. P.

625 kcal
16 g Kohlenhydrate
36 g Fett
62 g Eiweiß

1 Das Fleisch in mundgerechte Stücke schneiden, eine rote Zwiebel und eine Habanero klein schneiden und alles zusammen mit 1 TL Salz und 1 TL Brühpulver in einen Topf geben, mit Wasser bedecken und ca. 1 Stunde schmoren lassen.

2 Paprika und zwei rote Zwiebeln klein schneiden und mischen. In einen Topf geben und bei mittlerer Hitze köcheln lassen, bis eine Art Paste entstanden ist.

3 Die anderen zwei roten Zwiebeln in Scheiben schneiden und mit dem Kokosöl in einen Topf geben und bräunen. Dann den Fisch und die Garnelen zugeben und ca. 10 Minuten köcheln lassen.

4 Nun die Paprikamasse hinzugeben und weitere 10 Minuten bei mittlerer Hitze köcheln lassen. Nun noch das Ziegenfleisch zugeben und 15 Minuten weiterköcheln lassen.

5 Zum Schluss die restlichen 2 TL Brühpulver zugeben und noch einmal 10 Minuten köcheln lassen. Abschmecken und servieren.

Tipp: Dazu eignen sich Reis, Fufu oder auch Brote als Beilage.

OKRA EINTOPF

2 Port.

1 Std.

Mittel

Zutaten

500 g Okra
500 g Hähnchenbrust
1 TL Salz
1 TL Pfeffer
2 EL Rapsöl
1 große Zwiebel
1 Knoblauchzehe
1 TL gemahlener Ingwer
400 g Tomaten
1 TL Paprikapulver
2 EL Tomatenmark
250 ml Hühnerbrühe
Salz, Pfeffer

Nährwerte p. P.

236 kcal
18 g Kohlenhydrate
8 g Fett
16 g Eiweiß

1 Okra in Scheiben schneiden, Knoblauch und Zwiebel hacken, Tomaten würfeln. Die Hähnchenbrust mit Salz und Pfeffer würzen und ziehen lassen.

2 Dann die Hähnchenbrust in 2 EL Öl anbraten und aus der Pfanne nehmen. In der Pfanne dann die Zwiebel mit dem Knoblauch und dem Ingwer anbraten, bis die Zwiebeln weich sind.

3 Tomaten, Paprikapulver und Ingwer mit dem Knoblauch und der Zwiebel in die Pfanne geben und ca. 10 Minuten köcheln lassen. Dann die Hühnerbrühe und das Tomatenmark zugeben und weitere 15 Minuten köcheln lassen.

4 Hühnerbrust und Okra mit in die Pfanne geben und ca. 15 - 20 Minuten köcheln lassen, bis die Okra weich ist. Eventuell ein wenig Wasser zugeben, wenn der Eintopf zu dick wird, da er durch die Okra eindickt. Abschmecken und servieren.

PIRI PIRI HÜHNCHEN

4 Port.

2 Std.
15 Min.

Mittel

Zutaten

8 Hähnchenschenkel
2 EL Piri Piri Soße
½ Zwiebel
6 Knoblauchzehen
½ rote Paprika
6 Basilikumblätter
2 EL Oregano
½ TL weißer Pfeffer
Salz, Pfeffer
60 ml Olivenöl
1 Limette

Nährwerte p. P.

428 kcal
8 g Kohlenhydrate
34 g Fett
22 g Eiweiß

1 Die Hähnchenschenkel mit Salz, Pfeffer und dem Saft der Limette würzen. Zwiebel, Paprika, Olivenöl und Knoblauch grob zerkleinern und mit Basilikum, Oregano und Piri Piri Soße in einen Mixer geben und zu einer glatten Masse mixen.

2 Die Hähnchenschenkel mit der Mischung in eine Schüssel oder Ähnliches geben, gut vermischen, dass die Hähnchenschenkel vollkommen bedeckt sind, und ca. 2 Stunden im Kühlschrank ziehen lassen.

3 Die Hähnchenschenkel aus der Marinade nehmen und in einer Pfanne oder auf dem Grill gar braten.

4 Wenn genug Marinade über ist, diese in einen Topf geben, erhitzen und einreduzieren lassen. So gibt es noch einen tollen Dip dazu.

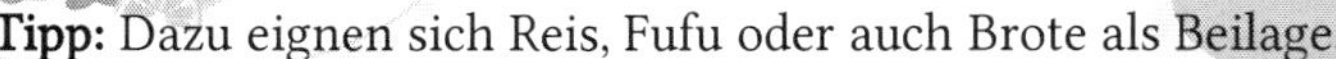

Tipp: Dazu eignen sich Reis, Fufu oder auch Brote als Beilage.

ASUN |

GEGRILLTES ZIEGENFLEISCH

6 Port.

3,5 Std.

Mittel

Zutaten

1,2 kg Ziegenfleisch
2 Habaneros
1 mittelgroße Zwiebel
3 EL Brühpulver
1 TL Thymian
Salz, schwarzer Pfeffer
75 ml Pflanzenöl

Nährwerte p. P.

395 kcal
2 g Kohlenhydrate
20 g Fett
56 g Eiweiß

1 Ziegenfleisch in große Stücke schneiden und mit Thymian, Salz, Pfeffer und dem Brühpulver in einer Schüssel vermengen. Die Schüssel mit einer Folie bedecken und das Fleisch ca. 1 Stunde im Kühlschrank ziehen lassen.

2 Die Zwiebel in 4 große Stücke schneiden und zusammen mit dem Ziegenfleisch in einen Topf geben. Mit Wasser bis zur Hälfte des Fleisches aufgießen und ca. 2 Stunden schmoren lassen.

3 Ofen auf 180 °C Ober-/Unterhitze vorheizen. Die Zwiebelstücke entfernen und das Ziegenfleisch für ca. 15 Minuten in den Ofen geben, bis es rundherum braun ist. Den Sud des Fleisches aufheben.

4 Die Habaneros grob zerkleinern, pürieren und etwas vom Schmorsud zugeben. Das Öl in einem Top erhitzen und die Masse zugeben. Danach das Ziegenfleisch zugeben, gut vermengen und kurz anbraten.

Tipp: Dazu eignen sich Reis, Fufu oder auch Brote als Beilage.

Hauptspeisen mit Fisch & Meeresfrüchten

SÜßKARTOFFELEINTOPF MIT FISCH

4 Port.

45 Min.

Leicht

Zutaten

2 große Süßkartoffeln
2 Zwiebeln
2 EL Brühpulver
2 geräucherte Makrelen
4 EL Kokosöl
1 TL Chiliflocken
Salz
1 Bund Petersilie
1 l Wasser

Nährwerte p. P.

702 kcal
30 g Kohlenhydrate
53 g Fett
29 g Eiweiß

1 Süßkartoffeln und Zwiebeln schälen, in grobe Würfel schneiden und zusammen mit dem Brühpulver und einem Liter Wasser in einen Topf geben. Aufkochen und dann ca. 10 Minuten köcheln lassen.

2 Die Makrele entgräten, würfeln und mit dem Kokosöl und den Chiliflocken in den Topf geben und weitere 20 Minuten köcheln lassen.

3 Abschmecken, Petersilie hacken, den Eintopf damit garnieren und servieren.

FONIO GRÜTZE UND GARNELEN

4 Port.

1 Std.
20 Min.

Mittel

Zutaten

500 g Foniohirse, alternativ normale Hirse
250 g frische Garnelen
80 g Trockenfisch
30 g getrocknete Garnelen
6 EL Butter
1 rote Zwiebel
2 TL Brühpulver
1 TL Chiliflocken
Salz
1 l Wasser

Nährwerte p. P.

805 kcal
90 g Kohlenhydrate
31 g Fett
43 g Eiweiß

1 Die Zwiebel hacken und mit 3 EL Butter anschwitzen, bis sie glasig ist. Die getrockneten Garnelen, den getrockneten Fisch und die Chiliflocken zugeben und 5 Minuten anbraten.

2 Fonio, 1 ½ TL Brühpulver und 1 Liter Wasser zugeben und bei Bedarf würzen. Dann zugedeckt bei schwacher Hitze ca. 30 Minuten köcheln lassen, bis das Fonio weich ist. Bei Bedarf noch etwas Wasser zufügen.

3 Die frischen Garnelen mit ½ TL Brühpulver und ½ TL Salz würzen, gut vermengen und 5 Minuten ziehen lassen. Dann mit den restlichen 3 EL Butter rundum anbraten. Die Butter aus der Pfanne aufbewahren.

4 Das Fonio und die Garnelen zusammen anrichten und die Butter aus der Pfanne darübergeben.

FISCHPASTETE

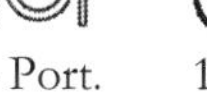

4 Port. | 1 Std. 15 Min. | Mittel

Zutaten

700 g Kartoffeln
1 TL Salz
2 EL Milch
4 EL geschmolzene Butter
75 g Sauerrahm
500 ml Milch
700 g Weißfisch
1 Zwiebel
1 Knoblauchzehe
1 Lorbeerblatt
3 Nelken
2 Stangen Lauch
1 EL Olivenöl
3 EL Mehl
1 Tasse geriebener Cheddar
50 g Erbsen
50 g Mais
1 TL Brühpulver
Salz, Pfeffer

Nährwerte p. P.

819 kcal
55 g Kohlenhydrate
45 g Fett
53 g Eiweiß

1 Kartoffeln schälen, würfeln und in Salzwasser gar kochen. Lauch schneiden, Fisch und die Hälfte der Zwiebeln würfeln, Knoblauch hacken.

2 Kartoffeln zusammen mit 2 EL Milch, 2 EL Butter, Sauerrahm, Salz und Pfeffer stampfen, bis eine cremige Masse entsteht.

3 Milch in einem großen Topf erhitzen, den Fisch zugeben. Die Nelken in die ungedeckte Hälfte der Zwiebel stecken und mit dem Lorbeerblatt mit in die Milch geben. Einmal aufkochen und ca. 7 Minuten köcheln lassen.

4 Den Topf vom Herd nehmen, Fisch, Zwiebelhälfte und Lorbeerblatt entnehmen, Fisch beiseitestellen und Zwiebelhälfte und Lorbeerblatt wegwerfen.

5 Olivenöl in einer Pfanne erhitzen und darin den Lauch, die gehackte Zwiebelhälfte und den Knoblauch anschwitzen, bis alles weich ist. Dann das Mehl zugeben und 1 Minute lang unter Rühren anschwitzen.

6 Nach und nach nun die Milch in die Pfanne geben und immer gut umrühren. Wenn die komplette Milch zugefügt und die Soße eingedickt ist, das Brühpulver und die Hälfte des Cheddars zugeben. Abschmecken und würzen.

7 Nun vorsichtig die Fischstücke unterheben, danach Erbsen und Mais zugeben.

8 Den Ofen auf 175 °C vorheizen und die Fischmasse in eine Auflaufform geben. Das abgekühlte Kartoffelpüree vorsichtig darübergeben. Dann restliche geschmolzene Butter und den restlichen Cheddar ebenfalls darübergeben.

9 Das Ganze in den Ofen geben und 25 – 30 Minuten backen.

PFEFFERFISCH

2 Port.

1,5 Std.

Mittel

Zutaten

400 g Fischfilet
2 rote Paprika
2 Habaneros
½ TL Oregano
½ TL gemahlener schwarzer Pfeffer
¼ TL Salz
1 TL Zwiebelpulver
1 TL Thymian
1 TL gemahlener Kreuzkümmel
1 TL Brühpulver
½ rote Zwiebel
1 Orange
Salz
Öl zum Frittieren + 3 EL

Nährwerte p. P.

270 kcal
11 g Kohlenhydrate
12 g Fett
30 g Protein

1 Die Fischfilets in Stücke schneiden und mit Oregano, Pfeffer, Salz, Thymian, Kreuzkümmel, Brühpulver und Zwiebelpulver in eine Schüssel geben. Die Orange auspressen, den Saft mit in die Schüssel geben und alles gut vermischen. Abdecken und ca. 1 Stunde im Kühlschrank ziehen lassen.

2 ½ Zwiebel, Habaneros und Paprika grob zerkleinern und pürieren. Die Masse in einen Topf geben und einreduzieren lassen.

3 Fisch aus dem Kühlschrank holen und aus der Schüssel nehmen. Die in der Schüssel angesammelte Flüssigkeit zu der Paprikamasse geben. Weiter einreduzieren lassen. Dann 3 EL Öl hinzufügen und ca. 3 Minuten erhitzen.

4 In einer Pfanne nun das Öl zum Frittieren erhitzen und den Fisch darin goldbraun frittieren.

5 Den Fisch nun mit der Paprikamasse gut vermischen. Abschmecken und servieren.

FISCHEINTOPF

6 Port.

1 Std. 20 Min.

Mittel

Zutaten

1 kg Tomaten
300 frischer Fisch nach Wahl
2 mittelgroße Zwiebeln
5 Habaneros
1 EL Brühpulver
1 TL Thymian
1 TL Currypulver
Salz
1 Lorbeerblatt

Nährwerte p. P.

773 kcal
7 g Kohlenhydrate
78 g Fett
15 g Eiweiß

1 Den Fisch filetieren und in einer Schüssel zusammen mit Thymian, Currypulver und 1 EL Brühpulver vermengen und im Kühlschrank ca. 1 Stunde ziehen lassen.

2 Tomaten, Habaneros und Zwiebeln in grobe Stücke schneiden und pürieren. Mit dem Lorbeerblatt in einen Topf geben und bei mittlerer Hitze einreduzieren lassen.

3 Den Fisch hinzugeben, wenn sich Flüssigkeit in der Schüssel angesammelt hat, auch diese hinzugeben. Alles ca. 15 Minuten köcheln lassen. Abschmecken und servieren.

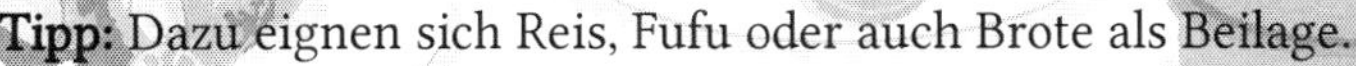

Tipp: Dazu eignen sich Reis, Fufu oder auch Brote als Beilage.

Vegetarische Hauptspeisen

RÜHREI

3 Port.

20 Min.

Leicht

Zutaten

5 Eier
1 Handvoll Curryblätter
2 Tomaten
2 rote Paprika
1 mittelgroße Zwiebel
1 TL grüner Pfeffer
Salz
1 EL Pflanzenöl
3 Kochbananen

Nährwerte p. P.

585 kcal
54 g Kohlenhydrate
36 g Fett
17 g Eiweiß

1 Kochbananen in große Stücke schneiden, nicht schälen. In Salzwasser ca. 10 Minuten kochen lassen, abgießen und zur Seite stellen.

2 Zwiebel fein hacken und in 1 EL Pflanzenöl anbraten. Tomaten und Paprika schneiden, Pfeffer zerstoßen und zu den Zwiebeln geben. Das Ganze braten, bis die Flüssigkeit weg ist.

3 Die Eier verquirlen, Salz hinzugeben und Curryblätter hineinzupfen. Alles verquirlen und mit in die Pfanne geben. Unter Rühren anbraten.

4 Die Kochbananen schälen und alles zusammen anrichten.

EIEREINTOPF

4 Port.

20 Min.

Leicht

Zutaten

6 Eier
2 Tomaten
½ Zwiebel
2 Knoblauchzehen
125 ml Olivenöl
1 rote Paprika
1 Habanero
1 TL Curry
½ TL Thymian
1 EL Brühpulver
Salz

Nährwerte p. P.

358 kcal
6 g Kohlenhydrate
34 g Fett
9 g Eiweiß

1 Tomaten, Paprika, Habanero und ¼ Zwiebel grob pürieren. Die andere ¼ Zwiebel und die Knoblauchzehen fein hacken und in Olivenöl anbraten.

2 Das pürierte Gemüse zugeben und unter Rühren 5 Minuten köcheln lassen. Curry, Thymian und Brühpulver zugeben, weitere 2 Minuten köcheln lassen.

3 Die Eier verquirlen, zugeben, 2 Minuten warten und umrühren, bis alles gut vermischt ist. Dann noch abschmecken und evtl. Salz zugeben.

Vegane Hauptspeisen

EINGELEGTER BLUMENKOHL

2 Port.

10 Tage

Leicht

Zutaten

600 g frischer Blumenkohl
250 g Rotkohl
10 EL Salz
1.850 ml Wasser
300 ml Weinessig
2 getrocknete rote Peperoni

Nährwerte p. P.

128 kcal
12 g Kohlenhydrate
1 g Fett
8 g Eiweiß

1 Den Blumenkohl in Röschen schneiden und den Rotkohl zerkleinern. 1 Liter Wasser mit 5 EL Salz mischen und das Gemüse ca. 1 Stunde darin einlegen. Danach mit klarem Wasser waschen.

2 Das Gemüse in einem Tontopf oder einem Glas schichten. Dann das restliche Salz mit den verbliebenen 850 ml Wasser und dem Weinessig mischen und über das Gemüse geben. Die Peperoni mit hineinlegen.

3 Das Glas oder den Tontopf gut abdecken und für 10 Tage an einen warmen Platz stellen. Danach ist es servierbereit.

EFU RIRO |

SPINATEINTOPF

4 Port.

30 Min.

Leicht

Zutaten

600 g Spinat
3 rote Paprika
1 mittelgroße rote Zwiebel
1 mittelgroße Tomate
Chiliflocken
Öl
200 g Champignons
1 TL Currypulver
1 TL Hefeflocken
500 ml Gemüsebrühe

Nährwerte p. P.

150 kcal
18 g Kohlenhydrate
3 g Fett
9 g Eiweiß

1 Den Spinat blanchieren, Paprika und Tomate zerkleinern, Zwiebel würfeln. Paprika- und Tomatenstücke und die Hälfte der gewürfelten Zwiebel zusammen pürieren und mit den Chiliflocken würzen.

2 Den Rest der Zwiebel in Öl anschwitzen, die Pilze in Scheiben schneiden und zu der Zwiebel geben. Alles schön anbraten, dann das pürierte Gemüse zugeben und ca. 5 Minuten köcheln lassen.

3 Nun den Rest, außer den Spinat, zugeben. Wenn dann alles köchelt, den Spinat zugeben und 3 - 4 Minuten köcheln lassen und evtl. noch etwas Salz zugeben.

EGUSI |

MELONENKERNEINTOPF

2 Port. 30 Min. Leicht

Zutaten

200 g Egusi
5 Tomaten
2 Habaneros
2 mittelgroße Zwiebeln
1 Knoblauchzehe
Je 1 Prise Salz und Cayennepfeffer
1 EL Kokosfett
100 g Spinat
1 EL Öl

1 Zwiebeln, Knoblauch, Tomaten und Habaneros klein schneiden und mit dem Kokosfett fein pürieren.

2 Das Öl in einer Pfanne erhitzen und das pürierte Gemüse zugeben. Das Ganze aufkochen lassen, Egusi mahlen und zugeben und 10 Minuten köcheln lassen. Mit dem Salz und dem Cayennepfeffer würzen.

3 Den Spinat klein schneiden und zugeben. Alles verrühren und abschmecken.

Nährwerte p. P.

80 kcal
12 g Kohlenhydrate
1 g Fett
4 g Eiweiß

Tipp: Süßkartoffeln schmecken dazu richtig gut.

EINTOPF MIT SCHWARZAUGENBOHNEN UND SÜßKARTOFFELN

4 Port.

1 Std. 45 Min.

Mittel

Zutaten

200 g Süßkartoffeln
½ TL gemahlener Koriander
½ TL gemahlener Ingwer
Salz, schwarzer Pfeffer, gemahlen
2 EL + 1 TL Öl
6 mittelgroße Zwiebeln
2 Knoblauchzehen
2 rote Paprika
2 Lorbeerblätter
210 ml Wasser
400 g gehackte Tomaten, Dose
2 EL Brühpulver
500 g Schwarzaugenbohnen, Dose

Nährwerte p. P.

575 kcal
104 g Kohlenhydrate
5 g Fett
35 g Eiweiß

1 Ofen auf 180 °C Ober-/Unterhitze vorheizen. Süßkartoffeln schälen, würfeln und mit Koriander, Ingwer, Salz, Pfeffer und 1 TL Öl gut vermengen.

2 Die Süßkartoffelstücke auf ein Blech geben und für ca. 30 Minuten in den Ofen schieben. Dabei mindestens einmal die Stücke durchrühren.

3 Zwiebel in dünne Scheiben schneiden, den Knoblauch und die Paprika fein schneiden. Zusammen mit den Lorbeerblättern und 2 EL Öl in einer Pfanne anbraten.

4 Das Wasser in die Pfanne geben und ca. 1 Stunde köcheln lassen, bis die Zwiebeln weich sind. Dabei darauf achten, dass das Wasser nicht ganz verdunstet. Bei Bedarf einfach noch ein wenig Wasser zugeben.

5 Dann die gehackten Tomaten und das Brühpulver zugeben und weitere 30 Minuten köcheln lassen.

6 Zum Schluss die Bohnen und die Süßkartoffeln hinzugeben und noch einmal 10 Minuten köcheln lassen. Abschmecken und servieren.

Fingerfood & Snacks

CHIN-CHIN |

BROTSTICKS

 4 Port.  15 Min.  Mittel

Zutaten

500 g Mehl
100 g Zucker
3 große Eier
50 g Margarine
10 g Muskat
1 TL Salz
etwas Öl zum Braten

Nährwerte p. P.

716 kcal
116 g Kohlenhydrate
19 g Fett
18 g Eiweiß

1 Die Zutaten vermischen und zu einem festen Teig verkneten.

2 Den Teig ausrollen und in Streifen schneiden. Diese dann in ca. 10 cm große Stücke schneiden.

3 Das Öl in der Pfanne erhitzen und die Stücke darin ausbacken, bis sie hellbraun sind.

4 Auf einem Küchenpapier noch etwas abtropfen und auskühlen lassen.

MOI MOI |

BOHNENKÜCHLEIN

10 Port. 2 Std. Mittel

Zutaten

250 g Schwarzaugenbohnen
1 mittelgroße Zwiebel
100 g Corned Beef
50 ml Öl
½ TL Chilipulver
½ TL Salz
½ TL Thymian
½ TL Curry
50 g Tomatenmark
2 große gekochte Eier

Nährwerte p. P.

160 kcal
11 g Kohlenhydrate
7 g Fett
9 g Eiweiß

1 Die Bohnen über Nacht in Wasser einweichen. Am nächsten Tag enthäuten, am besten, indem man sie zwischen den Händen reibt.

2 Die Zwiebel klein schneiden und mit den Bohnen zusammen pürieren. Corned Beef klein schneiden und zusammen mit den Gewürzen, dem Öl und dem Tomatenmark zu der Bohnenmasse geben und gut vermischen.

3 Die Masse nun in kleine Formen, z. B. Muffinformen aus Silikon, geben. Die Eier in 10 gleich große Stücke schneiden und in die Formen drücken.

4 Nun die Formen in einen Topf stellen und Wasser hinzufügen. Das Wasser sollte bis kurz unter den Rand der Formen gehen. Das Wasser nun zum Kochen bringen und dann die Küchlein ca. 1 ½ Stunden garen lassen.

NIGERIANISCHE FLEISCHSPIEẞCHEN

4 Port. | 1 Std. 25 Min. | Leicht

Zutaten

Für die Spieße:
700 g Entrecôte
3 Würfel Rinderbrühe
2 EL Wasser
1 TL Cayennepfeffer
1 TL Pfeffer
½ TL Salz
2 EL Olivenöl

Für die Soße:
1 mittelgroße Zwiebel
80 ml Olivenöl
80 ml Balsamico
2 EL Honig
3 EL Estragon
3 EL Basilikum
24 Schaschlikspieße

1 Das Fleisch in kleine Würfel schneiden und die Brühwürfel zerbröselt mit dem Cayennepfeffer, Pfeffer und Salz mischen. Dann die 2 EL Wasser zugeben, sodass eine dicke Paste entsteht. Zu dieser Paste das Fleisch und die 2 EL Olivenöl zugeben. Alles vermengen und für ca. 1 Stunde in den Kühlschrank stellen.

2 Während dieser Zeit auch die Schaschlikspieße in Wasser einweichen, damit sie später nicht verbrennen.

3 Die Zwiebel, den Estragon und das Basilikum fein hacken und mit den restlichen Zutaten für die Soße diese anmischen.

4 Wenn das Fleisch fertig ist, dieses aufspießen, noch einmal mit der Marinade bestreichen und unter Wenden ca. 10 Minuten braten. Danach mit der Soße servieren.

Nährwerte p. P.

590 kcal
11 g Kohlenhydrate
42 g Fett
39 g Protein

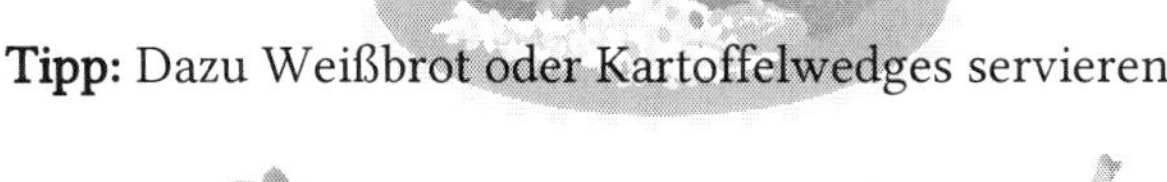

Tipp: Dazu Weißbrot oder Kartoffelwedges servieren.

SUYA |

SCHARFE FLEISCHSPIEßE

3 Port.

2 Std.
15 Min.

Mittel

Zutaten

1 kg Rindersteak
100 g Erdnüsse
100 g Cashewkerne
1 EL Paprikapulver
4 getrocknete Chilis
1 TL Knoblauchpulver
½ TL Ingwerpulver
½ TL Kreuzkümmel
½ TL Bockshornklee
½ TL Koriandersaat
1 Prise Kardamom
1 Prise Zimt
10 Schaschlikspieße
Etwas Öl zum Einpinseln

Nährwerte p. P.

670 kcal
13 g Kohlenhydrate
39 g Fett
64 g Eiweiß

1 Das Fleisch in 2 - 3 cm große Würfel schneiden, die restlichen Zutaten alle miteinander zu Pulver verarbeiten. Dann das Fleisch kräftig damit einreiben, vermischen und 2 Stunden im Kühlschrank ziehen lassen. Währenddessen die Schaschlikspieße in Wasser einweichen lassen.

2 Das Fleisch aus dem Kühlschrank nehmen. Dann auf die Spieße geben und mit Öl einpinseln.

3 Nun die Spieße von jeder Seite einmal scharf anbraten und danach bei schwacher Hitze 8 - 10 Minuten garen lassen.

Tipp: Wenn Sie keine große Gewürzmühle oder Ähnliches haben, packen Sie die Zutaten für das Pulver in einen Gefrierbeutel oder Ähnliches und verschließen Sie ihn so, dass auch die ganze Luft aus dem Beutel raus ist. Dann mit einem Nudelholz oder einer Pfanne so lange draufhauen, bis alles ein Pulver ist.

ÜBERZOGENE ERDNÜSSE

8 Port.

45 Min.

Leicht

Zutaten

450 g Erdnüsse
600 g Mehl
125 ml Kokosmilch
100 g Zucker
1 EL Margarine
1 EL Milchpulver
½ TL Backpulver
Öl zum Ausbacken

Nährwerte p. P.

700 kcal
75 g Kohlenhydrate
34 g Fett
23 g Eiweiß

1 Die Erdnüsse ca. 20 Minuten in heißem Salzwasser einweichen. Danach abschütten und trocknen lassen.

2 Die Kokosmilch mit dem Zucker mischen. Das Mehl sieben und mit dem Backpulver und dem Milchpulver mischen.

3 Die Margarine zur Mehlmischung geben und verkneten.

4 Die trockenen Erdnüsse mit der Kokosmilch mischen, dann die Hälfte der Mehlmischung zugeben und gut vermengen. Die zweite Hälfte zugeben und alles weiterhin gut vermischen, bis sich alles verbunden hat und alle Erdnüsse vollkommen bedeckt sind.

5 Öl in einer Pfanne erhitzen und die Erdnüsse darin ausbacken, bis sie goldbraun sind. Nach dem Herausnehmen auf einem Küchenpapier abtropfen lassen.

FISCHBÄLLCHEN

12 Port.

40 Min.

Leicht

Zutaten

350 g Fischfilets
3 Knoblauchzehen
½ Zwiebel
1 Stängel Petersilie
½ Tasse Semmelbrösel
2 Eier
¼ Tasse Mehl
½ TL Salz
¼ TL weißer Pfeffer
1 EL Brühpulver
Öl zum Ausbacken
60 ml Wasser

Nährwerte p. P.

74 kcal
6 g Kohlenhydrate
2 g Fett
8 g Eiweiß

1 Fischfilets in einen Topf geben, 60 ml Wasser, Salz und weißen Pfeffer zugeben und das Ganze bei schwacher Hitze ca. 10 Minuten köcheln lassen, bis der Fisch gar ist.

2 Fisch abkühlen lassen, in eine Schüssel geben und zerkleinern. Zwiebel, Petersilie und Knoblauch fein hacken und mit dem Brühpulver, einem Ei und 2 EL Mehl zum Fisch geben und alles vermischen.

3 Das andere Ei, den Rest Mehl und die Semmelbrösel jeweils in einzelne Schüsseln geben. Aus der Fischmasse Bällchen formen. Die Bällchen erst in Mehl, dann im Ei und danach in den Semmelbröseln wälzen.

4 Öl in einem Topf oder einer tiefen Pfanne erhitzen und die Fischbällchen darin ausbacken. Die Bällchen zwischendrin auch umdrehen, damit sie überall goldbraun werden.

5 Nach dem Ausbacken die Bällchen auf Küchenpapier abtropfen lassen.

KOKORO

4 Port.

15 Min.

Leicht

Zutaten

250 g Maismehl
150 g Garri
4 EL Zucker
1 TL Cayennepfeffer
1 TL Ingwerpulver
Pflanzenöl
kochendes Wasser

Nährwerte p. P.

333 kcal
73 g Kohlenhydrate
1 g Fett
7 g Eiweiß

1 Alle trockenen Zutaten in eine Schüssel geben und vermengen. Schluckweise kochendes Wasser hinzufügen, bis ein formbarer Teig entsteht.

2 Den Teig abkühlen lassen und in kleine Portionen teilen. Diese Portionen in dünne Stäbe rollen.

3 Öl in einer Pfanne erhitzen und die Teigstäbchen darin ausbacken. Auskühlen und genießen.

MEAT PIE |

FLEISCHPASTETE

10 Port. 1 Std. Mittel

Zutaten

500 g Rinderhackfleisch
700 g + 2 EL Mehl
380 g Butter, ungesalzen
1 Ei
100 ml Wasser
1 EL Brühpulver
1 TL Currypulver
1 TL getrockneter Thymian
1 mittelgroße Zwiebel
2 mittelgroße Kartoffeln
1 Karotte
2 EL Pflanzenöl
Salz

Nährwerte p. P.

660 kcal
55 g Kohlenhydrate
41 g Fett
20 g Eiweiß

1 Mehl, Salz und Butter verkneten, bis es krümelig ist. Das Wasser hinzufügen und den Teig geschmeidig kneten. Ist er noch zu fest, esslöffelweise Wasser zufügen. Den Teig 30 Minuten im Kühlschrank ruhen lassen.

2 Die Kartoffeln und die Karotten klein schneiden und die Kartoffel gar kochen.

3 Die Zwiebel hacken und in dem Öl anbraten, das Hackfleisch dazugeben und weiterbraten, bis das Hackfleisch braun ist. 50 ml Wasser, Currypulver, Thymian, Brühpulver und 1 Prise Salz zugeben.

4 Kartoffeln und Karotten zugeben und bei schwacher Hitze ca. 3 Minuten garen. 2 EL Mehl und etwas Wasser zu einer Paste verrühren und zum Eindicken über das Hackfleisch geben. Das Ganze abkühlen lassen.

5 Ofen auf 180 °C Ober-/Unterhitze vorheizen. Das Ei verquirlen und Mehl auf die Arbeitsplatte streuen, den Teig darauf ausrollen und 10 Kreise aus dem Teig herstellen.

6 Nun die Fleischmasse in die Mitte der Kreise geben, eine Hälfte der Kreise mit Ei bestreichen und diese dann zusammenklappen und andrücken.

7 Backpapier auf ein Backblech legen und dieses leicht mit Öl bestreichen. Die Teigtaschen darauflegen und mit dem restlichen Ei bestreichen.

8 Nun für 20-30 Minuten in den Ofen schieben.

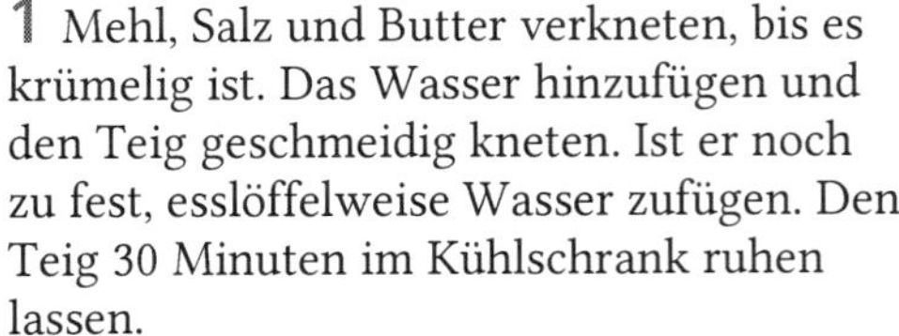

AKARA |

KRAPFEN MIT SCHWARZAUGENBOHNEN

 3 Port.

 2 Std. 45 Min.

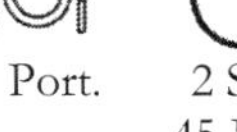 Mittel

Zutaten

2 Tassen Schwarzaugenbohnen, getrocknet
½ mittelgroße Zwiebel
1 Habanero
2 Eier
Salz
½ TL Brühpulver
Öl zum Frittieren

Nährwerte p. P.

188 kcal
27 g Kohlenhydrate
3 g Fett
13 g Eiweiß

1 Die Schwarzaugenbohnen ca. 2 Stunden in warmem Wasser einweichen. Danach die Erbsen zwischen den Händen reiben, um die Schale zu entfernen.

2 Zwiebel und Habanero klein schneiden und zusammen mit den Schwarzaugenbohnen fein pürieren. Wenn die Masse zu fest ist, ein wenig Wasser hinzugeben. Die Masse sollte nicht zu flüssig sein.

3 Nun die Masse mit den Eiern, etwas Salz und dem Brühpulver verrühren.

4 Öl in einer Pfanne erhitzen, das Öl sollte ca. 1 cm hoch sein. Nun die Masse löffelweise in das Öl geben und von beiden Seiten goldbraun werden lassen.

KOCHBANANENOMELETT

1 Port.

20 Min.

Leicht

Zutaten

1 reife Kochbanane
2 Eier
1 Wiener Würstchen
½ Tomate
½ Zwiebel
½ TL Salz
2 EL Erbsen
Öl zum Braten

Nährwerte p. P.

530 kcal
40 g Kohlenhydrate
31 g Fett
25 g Eiweiß

1 Die Kochbanane schälen und in dünne Scheiben schneiden. In einer Pfanne von beiden Seiten goldbraun anbraten.

2 Die Zwiebel fein hacken und ca. 1 Minute lang anbraten. Tomate und Würstchen in Stücke schneiden und mit den Erbsen zusammen in die Pfanne geben und weitere 2 Minuten lang anbraten.

3 Die Eier verquirlen, Salz hinzugeben und in die Pfanne geben und stocken lassen. Die Kochbananen auf dem Omelett verteilen und warten, bis es komplett gar ist.

CHICKEN PIE | HÜHNERPASTETE

14 Port.

2 Std.

Mittel

Zutaten

Teig:
1 kg Mehl
300 g Margarine
2 TL Backpulver
½ TL Salz
250 ml Milch

Füllung:
400 g Hühnerbrust
2 kleine Kartoffeln
½ Karotte
1 mittelgroße Zwiebel
30 ml Pflanzenöl
2 EL Brühpulver
1 TL Thymian
2 TL Currypulver
1 TL Mehl
Salz

Sonstiges:
Ei zum Bestreichen

Nährwerte p. P.

480 kcal
56 g Kohlenhydrate
23 g Fett
17 g Eiweiß

1 Hühnchenbrust klein hacken, in eine Schüssel geben. Thymian, Brühpulver, Salz und 1 TL Currypulver zugeben und alles mischen. Für 20 Minuten abgedeckt im Kühlschrank ziehen lassen.

2 Kartoffeln schälen, würfeln und gar kochen. Karotte raspeln und Zwiebel hacken. Wenn die Kartoffeln gar sind, alles beiseitestellen.

3 Öl in einem Topf erhitzen und die gehackte Zwiebel anschwitzen. Hühnchenbrust zugeben und unter Rühren anbraten.

4 Eine kleine Menge Wasser und den anderen Teelöffel Currypulver zugeben, dann die Kartoffeln und die Karotte. Abdecken und aufkochen.

5 Den Teelöffel Mehl mit etwas Wasser verrühren und zum Andicken mit in den Topf geben. Alles gut verrühren und evtl. noch etwas würzen. Dann beiseitestellen und abkühlen lassen.

6 Mehl mit Backpulver und Salz mischen, Margarine zugeben und gut verkneten. Dann nach und nach die Milch zugeben, bis ein fester Teig entsteht, welcher nicht klebt. Teig abdecken und ca. 10 Minuten ruhen lassen.

7 Ofen auf 180 °C Ober-/Unterhitze vorheizen. Teig ausrollen und daraus 14 Kreise formen. Die Füllung in die Mitte der Kreise geben. Das Ei verquirlen, die Hälfte des Kreises bestreichen, diesen zusammenklappen und festdrücken.

8 Die Pasteten auf ein mit Backpapier ausgelegtes Backblech legen und für ca. 20 Minuten im Ofen backen.

GEBRATENE BOHNEN

2 Port.

30 Min.

Leicht

Zutaten

350 g Schwarzaugenbohnen
2 mittelgroße Zwiebeln
50 ml Kokosöl
1 EL Brühpulver
1 Habanero
Salz
Wasser

Nährwerte p. P.

745 kcal
67 g Kohlenhydrate
27 g Fett
39 g Eiweiß

1 Die Bohnen für ca. 15 Minuten einweichen. Dann zwischen den Händen reiben, um die Schalen zu entfernen.

2 Die Zwiebeln in Ringe schneiden, mit den Bohnen und dem Brühpulver in einen Topf geben und mit Wasser so weit auffüllen, dass es so hoch wie die Bohnen steht. Alles köcheln lassen, bis die Bohnen weich sind. Dabei immer schauen, dass gleich viel Wasser im Topf ist.

3 Wenn die Bohnen weich sind, mit Salz würzen und das Wasser verkochen lassen.

4 Die Habanero pürieren und das Öl in den Topf zu den Bohnen geben und diese eine Weile anbraten. Dann die pürierte Habanero zugeben und das Ganze noch ein wenig einreduzieren lassen.

FISCHRÖLLCHEN

15 Port.

1 Std. 15 Min.

Leicht

Zutaten

Teig:
400 g Mehl
100 g Margarine
1 großes Ei
1 TL Backpulver
½ TL Salz
1 EL Zucker
150 ml Wasser

Füllung:
1 Makrele
1 Karotte
1 mittelgroße Zwiebel
1 Knoblauchzehe
½ TL Currypulver
½ TL Oregano
1 EL Brühpulver
Salz

Sonstiges:
Öl zum Braten

Nährwerte p. P.

285 kcal
29 g Kohlenhydrate
13 g Fett
12 g Eiweiß

1 Die Hälfte der Zwiebel in Scheiben schneiden, die Knoblauchzehe fein hacken. Die Makrele zusammen mit den Zwiebelscheiben, der Hälfte der gehackten Knoblauchzehe, Currypulver, Oregano, Salz und ½ EL Brühpulver in einen Topf geben und mit Wasser aufgießen. Dann so lange köcheln lassen, bis der Fisch gar ist.

2 Den Fisch aus dem Sud nehmen, entgräten und mit einer Gabel zerdrücken. Die andere Hälfte der Zwiebel und die Karotte fein hacken und beides zusammen mit dem Rest der Knoblauchzehe in einer Pfanne mit etwas Öl anschwitzen.

3 Die Karotte reiben und zusammen mit dem Fisch in die Pfanne geben und mitbraten. Das restliche Brühpulver zugeben und gut vermischen. Beiseitestellen und abkühlen lassen.

4 Die trockenen Zutaten des Teiges vermischen und dann mit dem Ei und der Margarine verkneten. Nach und nach das Wasser zugeben, bis ein geschmeidiger Teig entsteht. Dann den Teig abgedeckt 5 Minuten ruhen lassen.

5 Den Teig in 15 Stücke teilen. Ein Stück zu einem Viereck ausrollen, zu 2/3 mit der Füllung bestreichen und zusammenrollen, dass das unbestrichene Ende zum Schluss mit aufgerollt wird. Bevor es ganz zugerollt wird, dieses Ende mit etwas Wasser bestreichen, damit es klebt.

6 Die Fischröllchen auf ein Backblech geben und in einer Pfanne mit Öl knusprig braten.

Desserts

PUFF-PUFF |

FRITTIERTER TEIG

4 Port. 1,5 Std. Leicht

Zutaten

250 ml warmes Wasser
450 g Mehl
6 g Trockenhefe oder
9 g frische Hefe
4 EL Zucker
2 TL Salz
Öl zum Frittieren

Nährwerte p. P.

460 kcal
97 g Kohlenhydrate
4 g Fett
11 g Protein

1 Salz, Zucker, Wasser und Hefe mischen und 5 Minuten quellen lassen. Danach das Mehl hinzufügen und verkneten, bis ein gleichmäßiger Teig entsteht. Nun den Teig ca. 1 Stunde gehen lassen.

2 Öl in einer Pfanne oder einem Topf erhitzen. Das Öl sollte ca. 5 cm hoch stehen, damit die Teigbällchen schön werden.

3 Wenn das Öl heiß genug ist, nehmen Sie zwei Löffel und formen damit aus dem Teig Bällchen und lassen diese in das Öl gleiten. Dann einige Minuten frittieren lassen, bis die Unterseite goldbraun ist, dann die Bällchen umdrehen und warten, bis die andere Seite auch goldbraun ist.

4 Die Bällchen mit einem großen Löffel oder einer Zange entnehmen und auf einem Küchenpapier abtropfen lassen.

Tipp: Um zu testen, ob das Öl heiß genug ist, einen Tropfen Teig ins Öl fallen lassen. Wenn das Öl heiß genug ist, steigt der Teig an die Oberfläche, wenn nicht, bleibt er am Boden. Wer es süßer mag, kann die Bällchen noch in Zucker oder Puderzucker wälzen.

BANANENKRAPFEN

28 Port.

40 Min.

Leicht

Zutaten

4 überreife Bananen
2 Tassen Mehl
2 TL Backpulver
1 TL Salz
125 ml Milch
½ TL gemahlene Muskatnuss
Öl zum Braten

Nährwerte p. P.

54 kcal
9 g Kohlenhydrate
1 g Fett
1 g Eiweiß

1 Bananen schälen und zu Mus zerdrücken. Restliche Zutaten, bis auf das Öl, zugeben und zu einem Teig vermengen.

2 Das Öl in eine Pfanne geben und stark erhitzen, dann auf mittlere Hitze stellen. Mit einem Esslöffel den Teig in das Öl geben und die Bananenkrapfen ausbacken. Zwischendrin einmal wenden, damit sie von allen Seiten goldbraun werden.

3 Nach dem Herausnehmen auf einem Küchenpapier abtropfen lassen.

BANANENPFANNKUCHEN

 6 Port.

 35 Min.

 Leicht

Zutaten

3 sehr reife Kochbananen
700 ml Milch
Saft einer halben Limette
1 TL Vanilleextrakt
2 ½ Tassen Mehl
½ Tasse Maismehl
2 TL Backpulver
Salz
Öl zum Braten

Nährwerte p. P.

455 kcal
99 g Kohlenhydrate
4 g Fett
11 g Eiweiß

1 Die Kochbananen glatt pürieren und mit Milch, Limettensaft und Vanilleextrakt verrühren.

2 Die trockenen Zutaten in einer anderen Schüssel vermischen. Nun alle Zutaten gut vermischen.

3 Das Öl in einer Pfanne heiß werden lassen und darin die Pfannkuchen von jeder Seite 3 - 4 Minuten ausbacken, bis sie goldbraun sind.

Getränke

NIGERIANISCHES INGWERBIER

4 Port.

10 Min.

Leicht

Zutaten

600 g Ingwer, roh
500 g Zucker
1,8 l Wasser
2 EL Zitronensaft
6 Gewürznelken

Nährwerte p. P.

594 kcal
140 g Kohlenhydrate
2 g Fett
1 g Eiweiß

1 Den Ingwer schälen und in grobe Stücke schneiden. Alles in einen Topf geben und langsam erhitzen, bis sich der Zucker aufgelöst hat.

2 Nun das Ganze zum Kochen bringen und 5 Minuten lang richtig kochen lassen. Danach alles durch ein Sieb geben und die Flüssigkeit auffangen und abkühlen lassen.

ANANAS-INGWER-SAFT

2 Port.

20 Min.

Leicht

Zutaten

1 mittelgroße Ananas
1 Stück Ingwer, ca. 5 cm
1 Zitrone
500 ml Wasser
1 Tasse Eis

Nährwerte p. P.

290 kcal
74 g Kohlenhydrate
1 g Fett
2 g Eiweiß

1 Ananas und Ingwer schälen und etwas kleiner schneiden und in einen Mixer geben, die Zitrone auspressen und den Saft auch zugeben. Dann das Wasser und das Eis zugeben und alles fein mixen.

2 Ab sofort genießbar oder man kann es auch noch durch ein Sieb oder ein Tuch geben, um kein Fruchtfleisch darin zu haben.

Soßen, Cremes & Dips

PFEFFERSOẞE

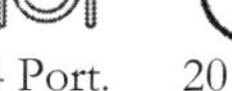

4 Port. 20 Min. Leicht

Zutaten

1 große Zwiebel
2 frische Tomaten
2 Knoblauchzehen
2 EL Brühpulver
10 Habaneros
10 ml Pflanzenöl

Nährwerte p. P.

198 kcal
29 g Kohlenhydrate
5 g Fett
7 g Eiweiß

1 Tomaten, Knoblauchzehen und Habaneros in grobe Stücke schneiden und in einem Mixer pürieren. Zwiebel klein schneiden und die Hälfte davon mit in den Mixer geben.

2 Die andere Hälfte der Zwiebel in dem Pflanzenöl unter stetigem Rühren anbraten, bis sie Farbe bekommt.

3 Nun das pürierte Gemüse dazugeben und die Brühwürfel zerbröseln und darüber verteilen. Unter regelmäßigem Umrühren ca. 15 Minuten bei mittlerer Hitze köcheln lassen.

4 Wenn die Soße fertig ist, kann man sie zum restlichen Gericht verwenden oder in ein sauberes Marmeladenglas geben. In diesem hält sie sich im Kühlschrank ca. 2 Wochen.

PIRI PIRI |

SCHARFE SOẞE

15 Port.

10 Min.

Leicht

Zutaten

4 Habaneros
4 Chilischoten
2 EL Olivenöl
2 Knoblauchzehen
¼ TL Salz

Nährwerte p. P.

19 kcal
1 g Kohlenhydrate
2 g Fett
1 g Eiweiß

1 Habaneros entkernen, Knoblauch schälen und dann alles zusammen in einem Mixer pürieren.

2 Dann entweder erhitzen, als kalten Dip verwenden oder im Kühlschrank aufbewahren. Im Kühlschrank hält sich die Soße ca. 2 Wochen.

MACADAMIA-HUMMUS

4 Port.

5 Min.

Leicht

1 Alle Zutaten in einem Mixer zu einer cremigen Masse pürieren und anrichten.

Zutaten

70 g geröstete und gesalzene Macadamia
2 EL weißes Sesammus
220 g Kichererbsen, Dose
2 EL Olivenöl
8 EL Wasser
1 TL Paprikapulver
1 TL Knoblauchpulver
½ TL Currypulver
1 TL Salz

Nährwerte p. P.

305 kcal
10 g Kohlenhydrate
27 g Fett
7 g Eiweiß

OBE ATA SOẞE |

TOMATENSOẞE

4 Port.

1 Std.

Leicht

Zutaten

400 g geschälte Tomaten, Dose
1 rote Paprika
½ rote Zwiebel
4 Knoblauchzehen
1 Stück Ingwer, ca. 5 cm
1 Habanero
20 ml Pflanzenöl

Nährwerte p. P.

93 kcal
10 g Kohlenhydrate
6 g Fett
2 g Eiweiß

1 Paprika, Zwiebel, Knoblauch, Ingwer und Habanero in grobe Stücke schneiden und zusammen mit den Tomaten pürieren.

2 Das Öl in einem Topf erhitzen, das Püree zugeben und köcheln lassen, bis es auf ca. 2/3 einreduziert ist.